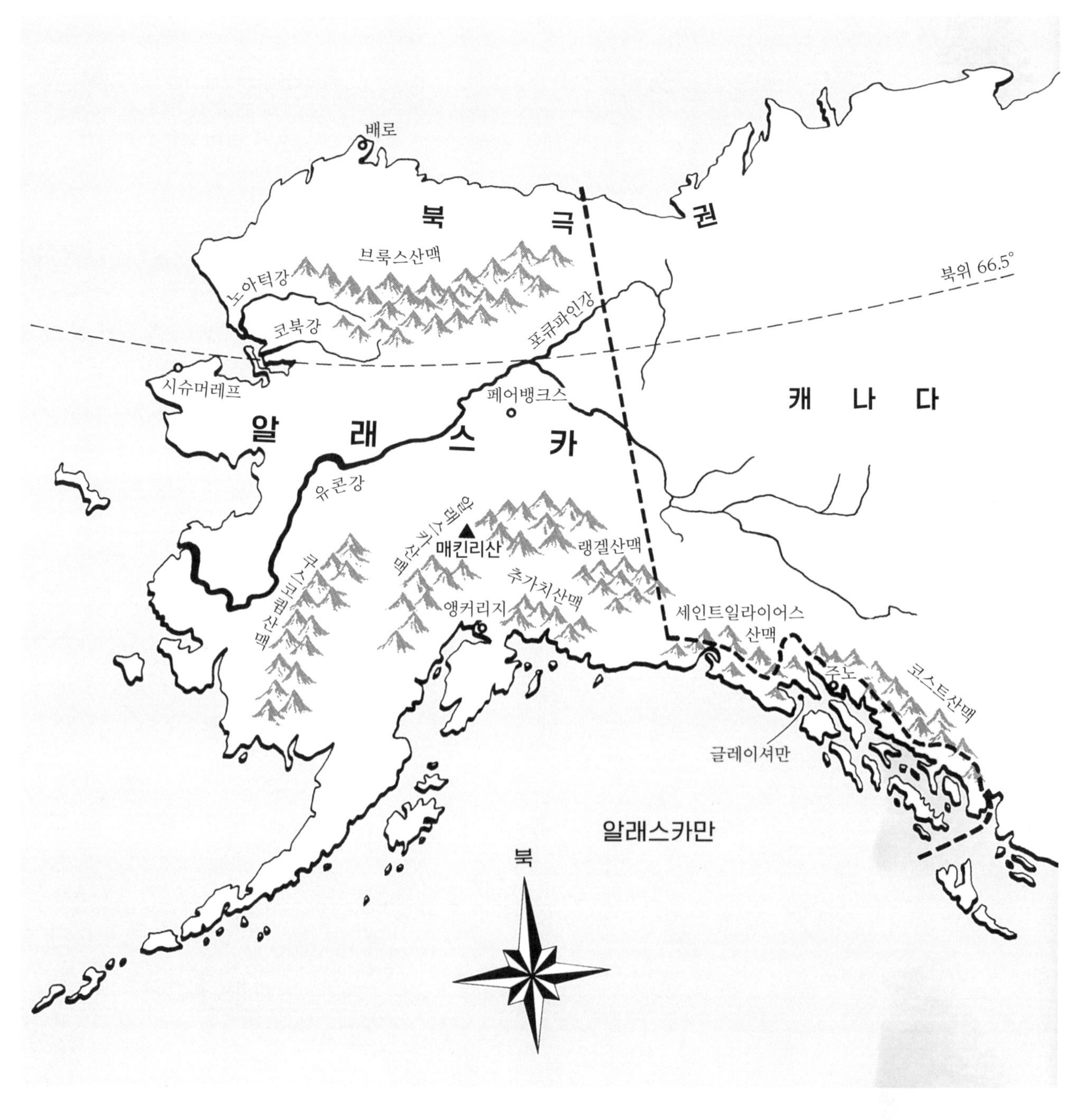

표지 디자인 호리우치 세이이치

본문 디자인 협력 도쿠모토 고세이

지도 야스이케 가즈야

2쪽의 시슈머레프 마을 사진은 《Alaska》(by Bern Keating, Photographs by George F. Mobley, Published by National Geographic Society, 1971)에 실린 사진을 찍은 것입니다.

호시노 미치오의

알래스카 이야기

호시노 미치오 글 · 사진 | 햇살과나무꾼 옮김

내가 입은 옷은 시슈머레프 마을의
할머니가 만들어 준 털가죽 외투이다.
장화도 털가죽으로 만들었다.

논장

알래스카에서 온 편지

열 아홉 살 무렵, 나는 미지의 북쪽 땅 알래스카를 동경했습니다. 그곳은 지금도 늑대가 살고 있고 겨울이면 하늘에 오로라가 나타나는 신비로운 땅입니다. 어느 날 알래스카에 관한 책을 읽는데, 사진 한 장이 눈에 들어왔습니다. 시슈머레프라는 이누이트 마을의 사진이었습니다. 이누이트는 이렇게 쓸쓸한 곳에서 어떻게 살까 생각하다가 '그래, 이 마을에 가 보자.' 하고 생각했습니다. 어떻게 하면 이 마을에 갈 수 있을까? 편지를 쓰고 싶었지만 주소도 모르고 누구 앞으로 써야 할지도 몰랐습니다. 한참 고민한 끝에 받는 사람을 '알래스카 시슈머레프 마을 촌장님께'라고 쓰고 편지를 써 내려갔습니다. 방법은 그것뿐이었습니다.

"…… 촌장님이 사시는 마을에 찾아가 보고 싶습니다. 어떻게 살아가는지 궁금합니다. 혹시 저를 받아 주실 분이 없을까요?"

답장은 오지 않았습니다. 그런데 반년이 훌쩍 지난 어느 날, 우편함에서 영어로 쓴 편지를 발견했습니다. 시슈머레프 마을에서 온 편지였습니다. 한 이누이트 가족이 보낸 편지였는데, 언제든 오라는 내용이었습니다. 머나먼 미지의 땅 알래스카가 손에 닿을 듯이 가까이 다가온 것입니다.

이듬해 여름, 나는 그 편지를 들고 알래스카로 떠났습니다. 비행기를 타고 바다를 건너 앵커리지라는 알래스카의 도시에 내렸습니다. 거기서 다시 작은 비행기를 몇 번씩 갈아타고 이누이트가 사는 북극 세계로 향했습니다. 그리고 마침내 책에서 보았던 시슈머레프 마을에 도착했습니다.

이날부터 편지를 보내 준 웨이오와나 가족과 함께 살기 시작했습니다. 이누이트는 우리와 생김새가 똑같았습니다. 이누이트는 먼 옛날 아시아에서 건너왔으니 우리와 조상이 같은 셈이지요. 하지만 생활 방식은 깜짝 놀랄 만큼 달랐습니다.

이누이트는 자연 속에서 살아가기 때문에 먹을거리 대부분을 스스로 구합니다. 바다표범, 바다코끼리, 순록…… 아무것도 없는 줄 알았던 마을 주변의 자연 속에서 수많은 동물이 살고 있었습니다.

이누이트에게 바다표범은 특히 중요합니다. 바다표범의 고기는 먹고 지방은 자연 상태에서 녹여서 실 오일이라는 간장과 비슷한 조미료를 만듭니다. 추운 곳에서 살아가는 이누이트는 동물의 고기를 먹고 많은 열량을 얻음으로써 추위를 이겨 냅니다.

어느 날, 웨이오와나 씨 가족과 함께 순록 사냥에 나섰습니다. 북극의 땅 위를 그물눈처럼 흐르는 강을 작은 배를 타고 거슬러 올라가자, 나무가 전혀 자라지 않는 평야인 툰드라가 펼쳐져 있었습니다.

그곳은 땅 밑이 영구 동토라는 꽁꽁 얼어붙은 지층이기 때문에 나무가 자라지 못합니다. 그 대신에 수많은 풀이 작은 꽃을 피우고 있지요.

우리는 하루가 끝날 무렵 강기슭에 텐트를 치고 야영을 했습니다. 모닥불가에 둘러앉아 바다표범과 순록 고기를 먹으며 두런두런 이야기를 나누었지요. 어쩐지 아주 먼 세계에 와 있는 듯한 느낌이 들었습니다.

한번은 순록을 찾으러 강 근처 언덕에 올라간 적도 있습니다. 그곳에서는 알래스카 북극권의 끝없는 대지가 한눈에 내려다보였습니다. 뭔가 움직이는 것이 보였습니다. 잿빛 덩어리가 느릿느릿 움직였지요. 같이 있던 일행이 "그리즐리(곰)다!" 하고 소리쳤습니다. 내가 야생 곰을 처음 본 순간이었습니다. 워낙 거리가 멀어서 드넓은 풍경 속의 한 점으로 보일 뿐이었는데도 엄청난 힘이 느껴졌습니다.

우리는 순록을 잡아 시슈머레프 마을로 돌아왔습니다. 내가 마을을 떠날 날이 다가오고 있었습니다. 지금까지 나를 따뜻하게 돌봐 준 웨이오와나 씨 가족이 한없이 고마웠습니다. 그분들 덕분에 나는 많은 것을 알게 되었습니다. 이런 땅끝에서도 사람들이 살아간다는 것을 알았고, 자연 속에서 살아가는 이누이트에게 동물이란 보고 즐기는 것이 아니라 살기 위해 죽여야 하는 것임을 알았습니다.

알래스카는 너무나도 거대한 자연이었습니다. 나는 좀 더 많은 것을 알고 싶었고 언젠가 반드시 돌아오겠다고 다짐했습니다. 그때 알래스카는 내 마음속에 깊이 자리를 잡았습니다.

곰의 1년

시슈머레프 마을에서 일본으로 돌아온 뒤에도 알래스카는 내 마음속을 떠나지 않았습니다. 나는 언젠가 알래스카에서 살고 싶었습니다. 대학을 졸업할 무렵, 나는 사진작가가 되고 싶었습니다. 물론 알래스카를 찍고 싶어서지요. 알래스카의 야생 동물과 그곳에서 살아가는 사람들의 모습을 찍으며 그들을 더 많이 알고 싶었습니다.

대학을 졸업하고 2년 동안 사진 공부를 한 뒤, 1978년에 알래스카로 떠났습니다. 처음 다녀온 뒤로 어느덧 6년이 흘렀을 때였습니다. 나는 텐트를 짊어지고 알래스카 탐험을 시작했습니다. 동물을 찾아다니며 1년 중 절반을 텐트에서 생활했고, 겨울 동안에는 알래스카 대학에서 동물을 공부했습니다.

알래스카에서 살던 통나무집. 조그만 벽난로가 추위를 녹여 주었습니다.

매킨리산* 기슭을 여행할 때였습니다. 새벽 4시 반쯤 텐트에 뭔가가 부딪친 것 같은 느낌이 들었습니다. 뭔가 싶어 졸린 눈을 비비며 텐트 입구를 열었습니다. 바로 눈앞에 곰의 얼굴이 보였습니다. 나도 놀랐지만 곰도 기겁을 하고 쏜살같이 달아났지요. 그 뒤로는 그렇게 가까이에서 곰을 보지 못했습니다. 그때 나는 곰의 1년을 사진으로 기록하고 싶다고 생각했습니다.

*국제적으로 디날리산으로 불린다.

어느 이른 봄날, 산비탈에서 놀고 있는 어미 곰과 새끼 곰을 보았습니다. 거리가 아주 멀어서 마음 놓고 관찰할 수 있었습니다. 새끼와 함께 있는 어미 곰에게 가까이 가는 것은 매우 위험합니다. 곰은 인간을 두려워하지만, 새끼를 지키려는 마음에 공격해 올 수도 있기 때문입니다.

한동안 어미 곰과 새끼 곰을 관찰하고 있는데 아주 재미있는 일이 벌어졌습니다. 새끼 곰이 달아나자 어미 곰이 새끼 곰을 잡으러 다녔습니다. 결국 새끼 곰은 어미 곰한테 잡혔지요. 그러자 어미 곰은 새끼 곰을 품에 안은 자세로 산비탈을 데굴데굴 굴러 내려갔습니다. 인간이 자기 아이에게 느끼는 사랑과 어미 곰이 새끼 곰한테 느끼는 사랑이 조금도 다르지 않은 것 같았습니다.

늘 카메라와 무거운 삼각대를 짊어지고 산을 다닙니다.
곰을 발견하면 곰이 놀라지 않게 조심하며 사진을 찍습니다.

여름이 되자 연어가 강을 거슬러 올라왔고, 수많은 곰이 모여들었습니다. 힘센 곰이 연어를 잡기 좋은 곳을 차지합니다. 곰들은 몸집이나 나이로 서로를 판단합니다. 힘이 엇비슷하면 싸움을 벌일지도 모르지요.

연어가 풍족하면 곰은 맛있는 머리 부분과 알만 먹습니다. 나머지는 갈매기들이 다 먹어 치우니 허투루 버려지는 것은 전혀 없지요.

어느 날, 새끼 곰 한 마리를 거느린 어미 곰과 새끼 곰 세 마리를 거느린 어미 곰이 같은 곳을 찾아왔습니다. 어미 곰들이 강에서 연어를 잡는 동안 새끼 곰들은 강기슭에서 기다려야 했습니다. 그런데 처음에는 멀찍이 떨어져 있던 새끼 곰들이 서로에게 조금씩 흥미를 느껴 점점 다가가더니 결국 한자리에 모였습니다. 세 마리 새끼 곰네 어미가 허둥지둥 강기슭으로 돌아왔습니다. 나는 그 어미 곰이 자기 새끼들 틈에 섞여 있는 다른 새끼 곰을 죽여 버리지 않을까 마음 졸이며 지켜보았습니다.

하지만 아무 일도 일어나지 않습니다. 그 어미 곰은 그저 자기 새끼가 아닌 곰의 냄새만 맡았습니다.

또 다른 어미 곰이 부랴부랴 돌아왔습니다. 곧 싸움이 벌어질 것 같은 분위기였습니다. 새끼 곰들은 제 어미 옆에 붙어서 걱정스레 지켜보지요. 하지만 싸움은 벌어지지 않았고, 두 어미 곰은 천천히 제 갈 길을 갔습니다. 그제야 나는 마음을 놓았습니다.

곰 연구자의 말에 따르면 이따금 어미 잃은 새끼를 다른 어미 곰이 키우기도 한다고 합니다.

가을이면 산은 블루베리 열매로 가득합니다. 나는 잼을 만들려고 블루베리를 잔뜩 땄습니다. 알래스카에서는 블루베리를 따러 갈 때면 이런 농담을 합니다. "곰하고 박치기하지 말라고." 곰이고 사람이고 블루베리에 정신이 팔려 주위를 살피지 않기 때문이지요.

겨울은 눈보라와 함께 찾아옵니다. 곰은 몸속에 지방을 쌓아 두고 눈 속에 굴을 파서 겨울잠을 잘 준비를 합니다. 그리고 하늘에 오로라의 신비로운 빛이 나타날 무렵부터 이듬해 봄까지 길고 긴 잠에 빠집니다.

빙하의 바다로 가다

조립식 카약. 접어서 가방 두 개에 나누어 넣습니다.
30분이면 조립할 수 있습니다.

알래스카로 옮겨 간 지 2년째 되는 여름, 카약을 타고 빙하 탐험에 나섰습니다. 카약에는 한 달 반 치 식량과 텐트, 여러 가지 야영 도구를 실었습니다.

목적지는 글레이셔만입니다. 이 만의 앞바다는 빙하의 바다입니다. 주위 산에서 엄청난 양의 빙하가 흘러들어 빙하 조각이 사방에 떠 있습니다.

여행하는 내내 사람이라고는 만날 수 없습니다. 또 물이 매우 차갑기 때문에 빠지지 않도록 조심해야 합니다. 물에 빠지면 30분 만에 죽을 수도 있으니까요.

글레이셔만은 비가 매우 많이 내리는 곳입니다. 비는 산 위에서 눈으로 바뀝니다. 산에 쌓인 눈은 이윽고 얼음이 되어 천천히 흘러내리는데, 이것이 바로 빙하입니다.

글레이셔만. 먼 옛날에는 이곳도 빙하로 뒤덮였습니다.
내 푸른 텐트가 조그맣게 보입니다.

카약을 몰고 바다로 나간 지 일주일 만에 처음으로 빙하를 보았습니다. 조심스레 다가가 보니 빙하는 바다를 마주하고 높다란 빌딩처럼 우뚝 솟아 있었습니다. 빙하 앞쪽에 작은 무인도가 있었습니다. 그곳에서 야영을 하려고 기슭에 카약을 대는 순간, 빙하 앞부분이 한꺼번에 무너지기 시작했습니다. 커다란 폭발음이 들리고 섬 전체가 흔들렸습니다. 빙하가 무너져 내린 곳의 바닷물이 높이 솟구치더니 집채만 한 파도가 내 쪽으로 몰려왔습니다. 순간 나는 몹시 놀라고 당황했습니다.

일단 빨리 피해야겠다고 생각했습니다. 그래서 허둥지둥 기슭으로 카약을 끌어올렸습니다. 어쩌면 죽을지도 모른다는 생각에 가슴이 쿵쿵 뛰었지요. 높은 파도가 기슭을 덮치듯이 쏟아져 내리고 내가 있는 곳까지 파도가 밀려왔습니다. 나도, 짐도 파도를 뒤집어쓰고 흠뻑 젖긴 했지만 가까스로 목숨은 건질 수 있었습니다.

거센 파도가 몰려와도 걱정이 없도록 섬에서 가장 높은 곳에 텐트를 쳤습니다. 섬은 10분이면 한 바퀴를 돌 수 있을 만큼 아주 작았습니다. 하지만 바로 앞에 빙하가 보이기 때문에 느긋하게 관찰할 수 있습니다. 하루에 한 번꼴로 첫날 본 것과 같은 커다란 빙하가 무너져 내리는 광경이 펼쳐졌습니다. 빙하가 조금씩 움직이고 있는 것이지요.

혼자일 때는 모닥불이 친구가 되어 줍니다.

빙하는 왜 푸른빛일까요? 원래는 하얀 눈이었는데 말이지요. 참 신기합니다.

나는 사진을 찍으려고 바닷가로 내려갔습니다. 그리고 빙하가 무너지기를 느긋하게 기다렸습니다. 잠깐 한눈을 파는 사이에 빙하가 무너져 내린 일도 여러 번 있었습니다. 그래서 잠시도 빙하에서 눈을 떼지 않고 지켜본 끝에 간신히 사진을 찍었습니다. 하지만 곧이어 높은 파도가 몰려왔기 때문에 카메라를 둘러메고 피하곤 했지요.

썰물 때가 되면 바다에 떨어졌던 빙하 조각들이 수없이 바닷가로 떠밀려 옵니다. 마실 물이 없기 때문에 이 빙하를 깨서 불에 녹여 물을 만듭니다. 빙하가 치이익 소리를 내며 물로 변합니다. 아득히 먼 옛날 산에 내려 쌓인 눈이 빙하가 되고, 그 빙하를 녹여 내가 마신다고 생각하니 기분이 이상했습니다. 바닷가로 밀려온 빙하 조각들은 곧 밀물에 쓸려 다시 바다로 돌아가겠지요. 그리고 녹아서 바닷물이 되겠지요. 물은 끝없이 긴 여행을 하는구나 생각했습니다.

알래스카의 빙하는 조금씩 줄어든다고 합니다. 언젠가는 모두 사라져 버릴까요? 아니면, 지구가 추워져 다시 빙하기가 올까요?

섬을 떠나 다시 카약을 타고 여행을 했습니다. 어느 날 얼음 위에 있는 바다표범 가족을 발견했습니다. 어미 바다표범은 이따금 새끼에게 젖을 물렸습니다. 얼음 위는 아무한테도 방해받지 않고 안전하게 새끼를 키우기에 좋은 곳이지요.

사진을 찍기 위해 바다표범들이 잠든 틈을 타서 천천히 카약을 몰고 다가갔습니다. 이따금 어미 바다표범이 눈을 뜨고 "뭐지?" 하는 표정으로 나를 바라봅니다. 그때마다 나는 움직임을 멈추고 가만히 숨을 죽였습니다. 그러면 어미 바다표범은 마음을 놓고 다시 잠에 빠집니다. 조금만 더 가까웠으면 하는 마음에 마지막으로 노를 한 번 더 저었더니, 너무 가까워져 카메라 초점이 맞지 않았습니다. 하지만 새근새근 잠든 어미와 새끼를 깨울까 봐 움직일 수도 없었습니다. 나는 카약 위에서 바다표범들의 잠든 얼굴을 가만히 바라보고 있을 수밖에 없었습니다.

한번은 이런 일도 있었습니다. 여느 때처럼 카약을 몰고 가는데, 바닷속에서 으스스한 소리가 들렸습니다. 뭘까 하고 생각하는 순간, 카약 바로 옆에서 커다란 검은 산이 불쑥 솟아올랐습니다. 혹등고래였습니다. 혹등고래는 멀리 하와이에서 알래스카로 찾아와 여름을 나지요. 몸이 거대하고 검은 혹등고래는 빙하의 바다를 유유히 헤엄쳐 갔습니다.

긴 카약 여행도 거의 끝나 가고 있었습니다. 한 달 반 동안 사람을 만나지 않으면 누구하고든 이야기가 하고 싶어집니다. 혼잣말도 무척 많아졌습니다.

순록의 여행

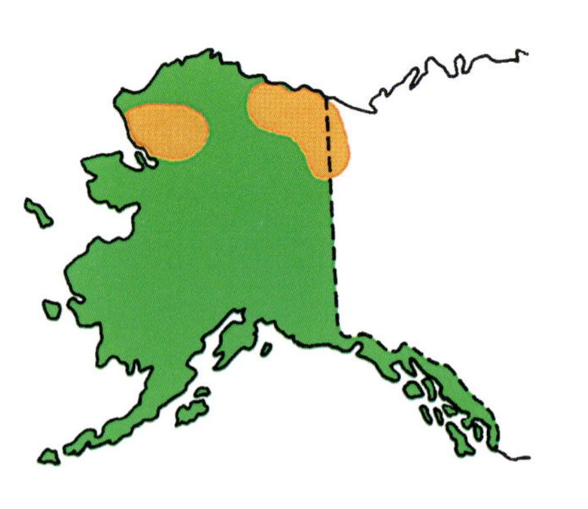

순록은 큰 무리를 이루어 봄에는 북극 땅의 북쪽으로, 가을에는 남쪽으로 1천 킬로미터에 이르는 먼 거리를 여행합니다. 순록이 어떤 경로로 여행하는지 본 사람은 거의 없습니다. 먼 옛날부터 이누이트만이 알고 있는 세계지요.

나는 어느 이누이트 마을에서 2인승 작은 비행기를 타고 이름 없는 산속의 골짜기로 날아갔습니다. 순록 떼가 그 골짜기를 지나갈지도 모르지요. 아직 눈이 두껍게 쌓여 있지만 봄이 다가오고 있었습니다. 1시간쯤 날자 목적지인 산이 보이기 시작했습니다. 바퀴에 스키를 단 비행기가 새하얀 눈이 쌓인 골짜기로 접어듭니다. 하지만 동물의 낌새는 느껴지지 않습니다.

아직 얼어 있는 강 위에 비행기가 내려앉았습니다. 프로펠러가 멈추자 골짜기는 쥐 죽은 듯 고요해지고 바람 소리만 들려옵니다. 생명체라고는 찾아볼 수 없습니다. 조종사는 "한 달 뒤에 데리러 오겠네."

하고 말한 뒤 다시 날아올랐습니다.

북극권을 비행하는 조종사는 자연 속에서 착륙할 수 있는 곳을 찾습니다. 비행장이 거의 없기 때문이지요. 이때는 언 강 위에 착륙했습니다.

정신이 아득해질 만큼 거대한 자연 속에 나 혼자 남겨졌습니다. 어쩐지 쓸쓸하기도 했습니다. 앞으로 한 달 동안 사람은 만날 수 없겠지요. 하지만 숨을 크게 들이쉬자 가슴이 뻥 뚫리는 듯한 자유가 느껴졌습니다.

어느 날 산 위에서 뭔가가 한 줄로 내려오는 것을 발견했습니다. 순록 떼였습니다. 앞에 선 순록들이 눈을 밟아 다져 길을 만들며 앞으로 나아가고 있었습니다.

순록 떼는 뭔가에 이끌린 듯 북쪽으로, 북쪽으로 부지런히 나아갔습니다. 순록은 이 기나긴 여행을 왜 계속하는 걸까요. 나는 그 점이 몹시 경이로웠습니다.

갑작스레 봄이 찾아왔습니다. 어느 날 아침, 뭔가가 부딪치는 요란한 소리에 눈을 떴습니다. 무슨 소리인지 알아보려고 텐트 밖으로 얼굴을 내밀어 보니, 겨우내 얼어 있던 강이 움직이고 있었습니다. 커다란 얼음덩어리들이 물살에 실려 가며 서로 부딪쳤습니다. 오늘부터 봄이 시작되는구나 하고 생각했습니다.

어미 순록이 새끼를 데리고 강을 건너려 하고 있었습니다. 갓 태어난 새끼는 물살이 겁나는지 좀처럼 강을 건너려 하지 않습니다. 어미가 새끼의 얼굴을 핥으며 기운을 북돋아 주었습니다. 새끼는 겨우 마음을 다잡고 물속으로 들어갔습니다.

이 작은 꽃이 맨 먼저 핍니다.

검은가슴물떼새의 둥지가 꽃에 둘러싸여 있습니다.

눈이 녹기 시작하자 여기저기서 작은 꽃들이 한꺼번에 얼굴을 내밀었습니다. 이 생명들은 도대체 어디에 숨어 있었을까요.

수많은 철새가 둥지를 틀러 찾아왔습니다. 얼마 전까지 고요한 곳이었다는 것이 거짓말 같습니다.

눈이 녹은 곳으로 텐트를 옮겼는데, 흙냄새가 무척 좋았습니다.

곰이 즐겨 먹는 베어플라워입니다.

하얀 겨울털에서 갈색 여름털로 털갈이 중인 뇌조

겨우내 눈 밑에서 겨울잠 자고 나온 다람쥐

먹이를 찾는 붉은여우

다람쥐와 여우가 텐트를 찾아왔습니다. 어미 곰과 새끼 곰은 아직 녹지 않은 눈 위에서 놀았습니다. 긴 겨울이 끝나자, 모두 햇빛에게 고마워하는 것 같았습니다.

찬 바람을 피해 바닥에 납작 붙어서 피는 이끼장구채

풀숲에서 쇠부엉이의 둥지를 발견했습니다.

바람에 흔들리는 황새풀

알래스카주를
대표하는 꽃, 물망초

한 달이 지나 비행기가 데리러 왔습니다. 눈으로 덮였던 골짜기에는 꽃들이 만발하고 여름풀 냄새가 가득합니다. 그런데 순록은 모두 어디로 가 버렸을까요?

내가 무척 좋아하는 야생 크로커스

여름 하늘 아래 황새풀꽃이 흐드러지게 피었습니다.

갓 태어난 새끼 쇠부엉이들

가을이 되자 나는 혼자 작은 배를 타고 북극의 긴 강을 내려갔습니다. 어디선가 순록을 만날 수도 있을 것 같았습니다. 여름을 보낸 순록이 남쪽으로 여행을 떠나려면 이 강을 건너야 하니까요.

어느 날 배를 타고 강을 거슬러 올라온 이누이트 가족을 만났습니다. 이 가족도 순록을 찾고 있었습니다. 우리는 아주 친해져서 함께 야영을 했습니다. 열아홉 살 때 찾아갔던 시슈머레프 마을이 생각났습니다.

가족 가운데 미니라는 할머니가 있었는데, 감자를 캐러 산에 간다기에 나도 따라나섰습니다. 그런데 미니 할머니는 쥐구멍만 찾아다녔습니다. 들쥐는 가을이 되면 겨우내 먹을 감자를 구멍 속에 잔뜩 모아 둔다고 합니다. 땅을 파자 정말로 감자가 꽉 들어찬 쥐구멍이 나타났습니다.

미니 할머니는 그중 반만 꺼내고 나서, 집에서 가져온 말린 생선을 구멍 속에 채워 넣었습니다.

"왜 그렇게 하세요?" 하고 내가 물었습니다.

"들쥐가 열심히 모아 놓은 감자를 얻어 가는 거니까, 대신 내 음식으로 갚아야 하지 않겠소."

미니 할머니는 그런 것도 모르느냐는 듯한 얼굴로 나에게 그렇게 가르쳐 주었습니다.

이누이트의 감자는 아이들 새끼손가락만 합니다. 날것으로 그냥 먹거나 삶아서 먹습니다.

미니 할머니네 가족과 헤어져 강을 좀 더 내려 갔습니다. 어느 날 밤 혼자 모닥불을 쬐고 있는데, 멀리서 늑대 울음소리가 들려왔습니다. 어린 시절 이야기책을 읽으며 상상했던 소리와 똑같았습니다. 가슴에 사무치는 듯한 소리가 초겨울 산속에 울려 퍼졌습니다.

그 뒤 알래스카를 여행하면서 몇 번이나 늑대와 마주쳤습니다. 이야기책과 다른 것은 늑대는 사람을 공격하지 않는다는 점이었지요.

마침내 강을 건너는 순록 떼를 만났습니다. 봄에 태어난 새끼들이 훌쩍 자라 있습니다. 순록들의 여행은 앞으로 얼마나 더 계속될까요? 무사히 강을 건넌 순록 떼는 다시 남쪽으로 나아갔습니다.

한밤의 낮
한낮의 밤

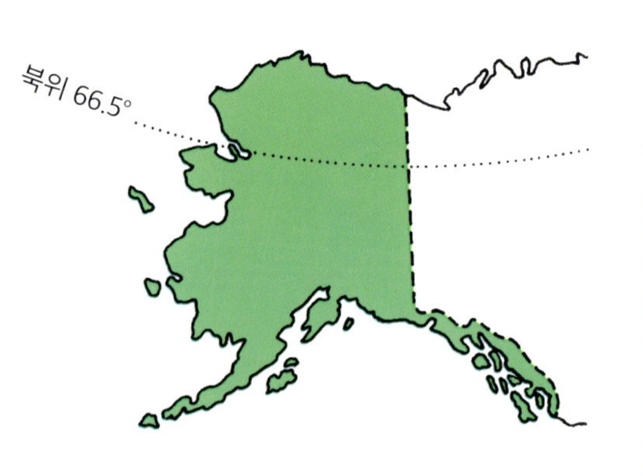

알래스카의 여름밤은 신비롭습니다. 밤에도 해가 지지 않고 머리 위를 빙글빙글 돕니다.(이처럼 해가 지지 않는 밤을 백야라고 합니다.) 처음에는 좀처럼 잠이 오지 않아 고생했습니다.

밤 12시에 찍은 사진입니다. 이때가 하루 중 가장 어두운 때이지요

온종일 날이 저물지 않기 때문에 낮밤 구별이 안 됩니다. 시계가 없으면 하루가 언제 끝나는지도 알 수 없습니다. 날마다 일기를 쓰지 않으면 오늘이 도대체 몇 월 며칠인지도 알 수 없지요.

겨울의 알래스카는 여름과 반대로 하루 종일 밤이 이어집니다. 해가 보이지 않는 어두운 계절이지요.

바람을 막아 주는 파카 속에 털옷을 잔뜩 껴입었습니다.

1982년 겨울, 나는 알래스카산맥에서 야영을 하며 오로라를 기다렸습니다. 기온이 거의 영하 50도까지 내려가 모든 것이 얼어붙었습니다. 냉장고 냉동실의 온도가 영하 18도 정도 되니 얼마나 추운 날씨인지 짐작할 수 있겠지요. 그래도 사진은 찍어야 하니까 카메라가 얼면 안 됩니다. 카메라 속의 전지가 너무 차가워지거나 기름이 얼면 카메라가 제대로 작동하지 않으니까요. 그래서 카메라가 얼지 않도록 밤에 카메라를 품에 안고 잤습니다.

2주일이 지난 어느 날 밤, 북쪽 하늘에 한 줄기 파르스름한 빛이 나타났습니다. 그 신비로운 빛은 점점 넓게 펴져 나갔습니다. 오로라입니다. 마치 살아 있는 생물 같았습니다. 어찌나 격렬하게 움직이던지 소리가 들릴 것만 같아 귀를 기울여 보았습니다. 하지만 오로라의 춤이 펼쳐지는 밤하늘은 쥐 죽은 듯 고요합니다. 지금 이 광대한 알래스카산맥에 있는 것은 오직 나뿐입니다. 홀로 드넓은 극장 무대를 바라보는 듯한 기분이었습니다. 나는 따듯하게 데워 놓은 카메라로 사진을 잔뜩 찍었습니다.

오로라의 신비로운 빛은 길고 어두운 겨울을 보내야 하는 알래스카 사람들의 마음을 위로해 주겠지요.

39쪽 사진의 오른쪽 위에 북두칠성이 보입니다. 북두칠성은 알래스카주 깃발에도 그려져 있습니다.

알래스카의 자연은 조금씩 나에게 문을 열어 주었습니다. 아직도 보고 싶은 것, 알고 싶은 것이 많습니다. 앞으로도 무거운 배낭을 짊어지고 알래스카의 벌판을 걸어갈 것입니다.

나의 야영 도구. 3주일 치입니다.
먼저 텐트를 치고 베이스캠프를 차립니다.

호시노 미치오(1952~1996) 세계적인 야생 사진작가. 1952년 일본 지바현에서 태어났다. 10대 후반에 알래스카 시슈머레프 마을을 다녀온 뒤 알래스카를 찍는 사진작가가 되기로 마음먹고는, 게이오기주쿠 대학 경영학부를 졸업하고 알래스카 대학 야생 동물 관리학부로 유학을 떠났다. 그 뒤로 평생 알래스카의 자연과 사람과 동물을 꾸준히 사진에 담아 왔다. 맑은 감성과 담백한 글이 곁들여진 그의 사진은 세계 각국에서 높은 평가를 받았으며, 일본과 미국 여러 곳에서 사진전을 열었다. 1996년 취재차 방문한 캄차카반도 쿠릴 호수에서 불곰의 습격으로 세상을 떠났다. 《알래스카 북극·생명의 지도》, 《알래스카, 바람 같은 이야기》, 《그리즐리》, 《무스》 같은 사진집과 《나누크의 선물》, 《숲으로》, 《이뉴이크》, 《곰아》, 《알래스카 빛과 바람》 같은 책을 펴내 아니마상, 기무라이헤이 사진상 등을 받았다.

햇살과나무꾼 동화를 사랑하는 사람들이 모여 만든 어린이책 전문 기획실로, 세계의 좋은 작품들을 소개하고, 어린이의 정신에 지식의 씨앗을 뿌리는 책을 집필한다. 《놀라운 생태계, 거꾸로 살아가는 동물들》, 《신기한 동물에게 배우는 생태계》, 〈마법의 두루마리〉 시리즈 들을 썼으며, 《시튼 동물기》, 《동물원 친구들은 어떻게 지낼까?》 등을 우리말로 옮겼다.

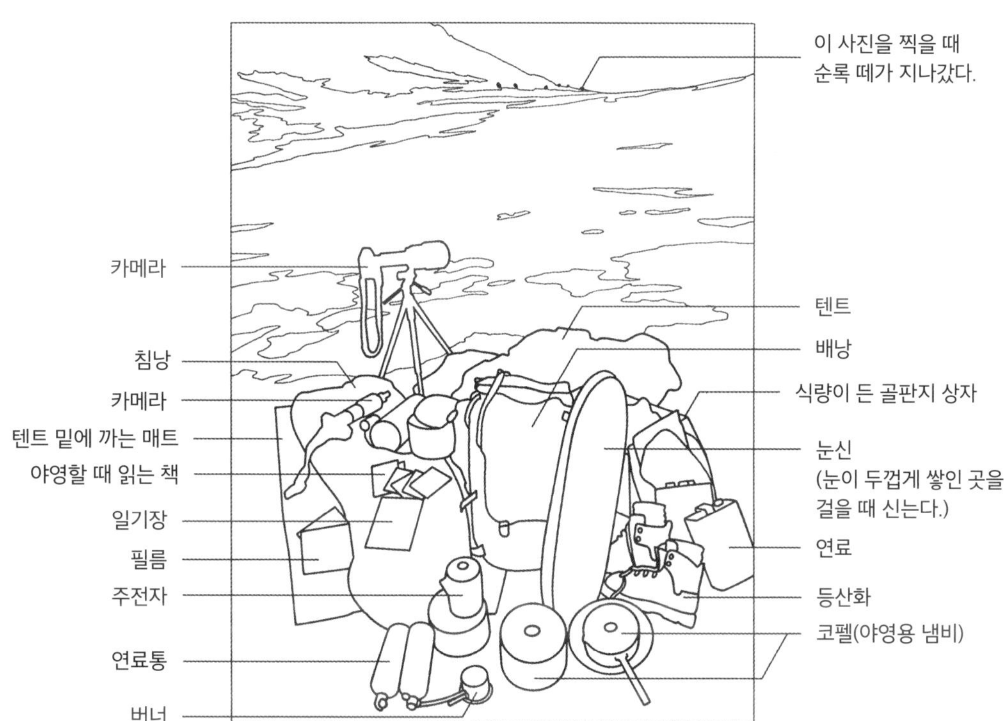

지식은 내 친구 005 **호시노 미치오의 알래스카 이야기**

개정판 1쇄 2026년 2월 10일 | 초판 1쇄 2013년 2월 20일

지은이 호시노 미치오 | 옮긴이 햇살과나무꾼 | 펴낸이 박강희 | 펴낸곳 논장 | 등록 제10-172호 · 1987년 12월 18일

주소 10881 경기도 파주시 회동길 329 | 전화 031-955-9164 | 전송 031-955-9166 | ISBN 978-89-8414-552-8 73830

LIFE IN ALASKA(アラスカたんけん記)

© Michio Hoshino 1986 | Original Japanese edition published in 1986 by Fukuinkan Shoten Publishers, Inc.
Korean translation rights arranged with Fukuinkan Shoten Publishers, Inc. through Eric Yang Agency Co., Seoul.
Korean translation rights © 2013 by Nonjang Publishing Co.

이 책의 한국어판 저작권은 에릭양에이전시를 통해 저작권자와 독점 계약한 논장에 있습니다.
저작권법에 의해 한국 내에서 보호를 받는 저작물이므로 무단 전재와 무단 복제를 금합니다.

• 책값은 뒤표지에 있습니다. • 잘못 만들어진 책은 구입하신 서점에서 바꾸어 드립니다.
• KC마크는 이 제품이 공통안전기준에 적합하였음을 의미합니다. ⚠ 아이들이 책을 입에 대거나 모서리에 다치지 않게 주의하세요.